얼룩무늬 손톱

변방동인 제34집

얼룩무늬 손톱

2019년 10월 16일 초판 1쇄 찍음
2019년 10월 21일 초판 1쇄 펴냄

지은이 _ 박종해 강세화 신춘희 문 영 임 윤 장상관
황지형 이강하 박정옥 강현숙 김려원

펴낸이 _ 김용항
펴낸곳 _ 온누리
등록번호 _ 제아—20호(1982년 12월 6일)
주 소 _ (03748)서울시 마포구 서교동 392-33 B101호
대표전화 _ (02)324-4790
팩시밀리 _ 0505-115-6287
휴대전화 _ 010-2735-7459
전자우편 _ onnuripb@hanmail.net

ISBN 978-89-8367-157-8 (03810)

* 책값은 뒤표지에 표시되어 있습니다.
* 이 책은 2019년 울산광역시 시비 보조금을 지원받아 출간되었습니다.

이 도서의 국립중앙도서관 출판예정도서목록(CIP)은 서지정보유통지원시스템 홈페이지(http://seoji.nl.go.kr)와 국가자료공동목록시스템(http://www.nl.go.kr/kolisnet)에서 이용하실 수 있습니다.(CIP제어번호: CIP2019040044)

얼룩무늬 손톱

2019
변방 제34집

온누리

□서문

인공지능이 인간의 감정을 복사할 수 있을까?

온갖 의문이 난무하는 가운데 시인들은 어떤 생각을 할까?

문명이 고도화할수록 감성지수는 떨어지는가 보다. 차츰 종이서적은 외면당하고 전자책이 컴퓨터와 휴대전화 속에 가지런히 꽂혀만 간다. 그리고 시간이 지나면 그마저 사라질 것만 같다.

갈수록 독자들에게 시가 외면당하고 결국에는 시인만 남는 건 아닌지 걱정이 앞선다. 와중에 독자들에게 다가서야 할 시가 몇몇 시인들만 즐기는 현실을 보면서, 불필요하게도 잘쓴 시와 좋은 시를 구분해야 하는 잣대에 쓴웃음이 나온다.

일 년이란 시간이 너무 길다. 동인지 엮는 즐거움을 맛보기에 세월은 시를 너무 기다리게 만든다. 그러나 변방동인지가 발간되길 기다리는 독자들이 있음으로, 시인은 싹눈 띄는 봄부터 그 잎 자라 지상으로 돌아갈 때까지 허공에서 시를 건져 내는가 보다.

함께해준 계절들에게 고맙다.

그렇게 동인들이 건져 낸 시를 다시 세상으로 날려 보낸다.

2019년 가을 변방동인 두손

□ 차례

문 영

임 윤

장상관

박
종
해

1980년 『세계의 문학』으로 등단
시집 『소리의 그물』 외 10권, 시와 산문선집 1권 출간
이상화시인상, 대구시협상, 성균문학상, 예총예술대상등 수상
울산문협회장, 울산예총회장, 울산북구문화원장 역임

주소불명

아주 먼 곳으로 이사간 친구가
물끄러미 나를 내려다보고 있다.
향을 피우고, 한 번도 한적없는 절까지 다 하고
이사간 주소를 물었으나, 아무 대답이 없다.
돌아서면서 그가 간 곳이 어디일까 생각해 보았다.
집도, 땅도 그 모든 재산도 다 버리고 가는 것을 보면
그 곳은 필시 천국일게다.
병도, 고통도, 환란도, 갈등도 없는
기쁨과 즐거움만 가득한 곳
그 곳이 얼마나 좋은 곳인가는
한 번 가선 돌아오지 않는 것을 보면

오늘도 밤새워 긴긴 편지를 써서
그에게 보내지만
돌아온 편지 피봉엔 번번히
주 · 소 · 불 · 명

편지
—이팝꽃 사연

애들아 너희들은 이팝꽃 그늘 속에 들지마래이
이팝꽃이 왜 이밥꽃인지 알려고 하지 마래이
그 몹쓸 오뉴월 보리고개는 전설로만 흘려 들어래이

이팝꽃 문을 열고 들어가면
오뉴월 보리고개 지개 받쳐놓고
널브러져 누워있는 판돌이를 만난다.
하늘의 실구름도 머물지 않고 지나가는
퀭한 눈동자, 부황뜬 몰골, 마른 입술이 거기에 있다.
마른버짐이 이팝꽃처럼 번진 그때 우리들의 뱃속에
구식 사진기의 고무줄 셔터 누를 때처럼
쪼르륵 쪼르륵 소리 들린다.

써레질한 논배미 다 덮도록 모심어 놓고
논둑에 퍼질고 앉아 꽁보리밥, 풋고추, 농주 한 사발로
모심밥 먹던 우리아재.
손톱이 다 닳도록 밭고랑 매고 밭두렁에 쪼그리고 앉아
감자 몇 개로 허기를 달래던 우리 아지매

마당에 덕시기 펴고, 모깃불 피워 놓고 잠드는 밤이면
하늘의 은하수가 내려와 홑이불인양 감쌀 때
우리들은 사발에 소복소복 담긴 흰 이밥을 먹는 꿈꾸었지.
얘들아, 너희들은 이팝꽃이 왜 이밥꽃인지 알려고 하지 마래이
아니, 어쩌면 너희들도 이팝나무 그늘에 앉아
이밥을 그리워하는 날이 올지도 모르겠구나.

먹구름이 밀려 온다. 이팝꽃을 적시는 빗소리, 빗소리
휘황찬란한 불빛은 꺼지고
밤물결 타고 자맥질하는 너희들 모습이 얼 비친다.
얘들아 너희들은 이팝꽃이 왜 이밥꽃인지 알아선 안된데이
너희들 앞에서 오뉴월 보리고개가 또다시 다가와선 안된데이

노숙자

그는 언제나 계단의 맨 아래쪽에 앉아 있었다.
더 이상 내려 갈 곳이 없으므로
더 이상 올려 다 볼 일이 없으므로
그는 고개를 푹 숙이고
사람들이 계단을 한 계단 한 계단 올라가거나
조심스럽게 한 계단 한 계단 내려와도
자리를 바꾸지 않고 그 자리에 앉아 있었다.
가족, 돈, 집, 명예, 음식, 옷
더구나 명예나 권세나 부귀는
신기루 같이 손에 잡히지 않는 먼 먼 곳에 있으므로
그가 맨 아래쪽 계단에서 고개를 푹 숙이고
꿈도 꾸지 않을 것이다.
전깃불이 금방 꺼져 버린 것처럼
뇌 속은 캄캄 할 것이다.
밤과 낮이 바뀌는 그것이
시간이고 세월이리라.
그는 언제나 계단의 맨 아래쪽에 앉아서
꿈이 없는 캄캄한 미로 속에서도

습관처럼 편안하게 정물이 되어 있었다.

한 낮의 장미

눈을 비비고 들여다 봐도
그녀는 웃고 있는지 울고 있는지
도저히 분간 할 수가 없다.

가림질 할 수 없는 실안개가
그녀의 온 몸을 감싸고
눈부신 햇살이 얼굴에 스며들어
나는 눈을 뜨고도 그녀의 얼굴을 보지 못한다.

가끔 푸른 하늘이 내려와 온 몸을 물들일 때
푸른 살결에 실핏줄이 돋아
푸들푸들 깨어나서 그녀가 기댄 담장을
칭칭 감고 있다.

한 낮의 불맛을 혀 속에 쟁여 놓고
화염이 실낱같은 불뱀이 되어
스멀 스멀 기어나와
담장을 태우고 집과 거리를 휩쓸어

어떠한 질퍽한 물덩이로도 끌 수 없는

저 정염들을 어이 할거나

목로주점

다 저물어가는 고향 친구와
술을 마신다.
술잔 속에 이마 주름살이
세월의 이랑이 되어 얼비친다.

홍안의 얼굴은 어디로 갔는가
지금 우리는
소년시절의 그 모습이 아니다.

오늘 부는 바람은 어제 불던 바람이 아니다.
한 때는 청청했던 풋풋한 나뭇잎새들이
황홀하게 물들더니 어느새 낙엽 되어 구르듯이
한때 빛 뿌리며 찬연했던
거목들도 이젠 빈 등걸뿐이다.

이미 저물어 버린 친구와 마주 앉아
술잔을 건네는 동안
찬연한 노을이 사라지고 어둠이 깃든다.

어둠으로 가는 길목에서
어두운 술을 마신다.

강세화

1986년『현대문학』으로 등단

시집『수상한 낌새』등

ksehwa@naver.com

초록숨소리

층층나무 가지가 몸을 일으키더니
씩씩하게 물이 올랐어요.
눈이 맞은 사이가 살살 드러나고 있어요.
밝은 옷을 입고 다붙어 조잘조잘 옆구리를 찔러요.
푸르게 쏟아지는 수다가 즐거워요.
햇볕이 살이 오르면
들썩들썩 몸이 달아서
눈치가 빤한 것이 햇살을 끌어다 덮어주고 있어요.
빛나는 속살이 초록에 업혀서 우쭐거리며
입술을 깨물고 젖꼭지가 여물고
이슬 같은 아침이 저릿저릿 떨려요.
식물성 목소리가 들뜨는 시절이 돌아왔어요.
가만히 흔들리는 몸짓을 보아요.
새들이 물어오는 감동이 커지고 있어요.
조심조심 전해지는 기운을 받아서 먼 곳을 보아요.
거침없이 한 몸이 되어서
층층나무 숨소리가 높이 지고 있어요.

가랑비

내 가까운 쪽에
마음을 적시고 싶은 한 페이지가 있다.

사람들 앞에서 눈치가 보여
눈을 피하면서
가랑비 뿌리는 장면을 가끔 돌아보는
내 사랑이 거기 있다.

내 사랑은
꼼지락거리는 성질을 가졌다.

가늘게 웃으면서
배시시 관심을 보이는 움직임이
탄산음료처럼
보글보글 가슴에 차오른다.

슬며시 곁을 비집고 다가오는
소소한 이야기를 붙들고

옆구리 간지럼 태우는 장난도 치고 싶다.

나는 아무래도 좋지만
마음이 쓰이는 쑥스러운 날씨를
곱게 흘겨보는
바람이 불었다.

내 가까운 쪽에
마음이 빠지고 싶은 한 페이지가 있다.

은밀하게 눈치를 살피듯이 날리는
사랑의 낌새를
가랑비 뿌리는 소리가 점점이 돌아보는
촉촉한 풍경이 있다.

꽃밭에 비밀이 짜하다

꽃밭을 매는 것은 비밀을 가꾸는 일이다.
꽃이 피듯이 자라는 비밀은 아름답다.
비밀스런 것이 꽃으로 피어난다.
유별나고 소중한 마음이 꽃가지에 살아있다.
속이 불편해도 참아야하는 사정을
감추어야 할 때가 있다.
꽃이 피는 시점에는 참아야 한다.
얼마간 어설픈 것을 꽃도 알고 있다.
호기심을 품은 눈빛이 쏠리고 있다는 말이
꽃밭에 짜하다.
나날이 떨리게 피는 모양을
깊이깊이 바라보고 느끼고 싶다.
한 마디 말에도 상처받는 기미를 살피고
꽃을 보면서 행복하다.
나처럼 그대에게도 내가 비밀이었으면 하는
말 못할 사정이 내 안에도 있다.
실없이 나가서 소리치고 싶은 생각이
뭉게뭉게 피어오르는 연기처럼 일어나서

눈치 없는 짓이라도 해야할까보다.
갠 날에 길을 나서듯
모처럼 찬란한 꽃길에 그대와 더불어
단단히 작정하고 마음에 있는 말을 해버리자.
마음은 촉촉하고
말이 씨가 되어 꽃이 피지 않을까.
무럭무럭 꽃이 피면
아무도 비밀에 대하여 말하지 않을 것이다.

호구설(虎口說)

내가 아는 대부분은 건성건성 간을 본 풍월이라
웅숭깊은 지식이 부족했다.
그래서 나는 자주 빈틈을 들키고
장고 끝에 악수를 두는 경우가 허다하였다.
어딘지 만만해 보여서 말발이 안서고
일끝마다 어이없이 실수를 저질러 낭패를 보고
마침내 뒷심이 딸려서 감당을 못하고
아깝게 꼬리를 내리는 일이 자주 있었다.
폭넓은 통찰도 없이 오기로 버티는 동안에
솔솔이 못 미치는 모양을
이따금 돌아보고 힘이 빠지기도 하였다.
딴에는 남 못지않게 자신하는 일마저도
요령 있게 설명을 하지 못하고
요모조모 캐묻는 이를 설득하는 일이 힘들었다.
숫기가 없어서 아쉬운 소리도 못하고
세상을 그리 어렵게 겪었으니
사는 일이 또한 수월하지가 않았다.
오뉴월 녹두 깝대기 같은 성질머리를 누르고

어지간히 참을성을 길러서
체면을 지키려고 애썼지만
뜻대로 안 되는 현실은 시련이었다.
미련한 외고집 때문에 이도저도 못하고
호구에 갇히기 십상인 자신이 한심해도
어디서 물리지도 못하고
내내 불편한 소회를 털어놓지도 못하고

바람의 유전자

길 따라 떠돌다가 문득 눈 뜨고 알았다.
내 피의 줄기는 바람의 유전자를 타고났을 것이다.
내 젊은 날 일기에는
방랑의 기록이 가득하다.

길 따라 떠돌면서
길이 보이지 않는 꿈을 꾸고
날마다 놀라 깬 듯 사방을 두리번거려도
손 내밀 곳이 없었다.

목마른 생활이 역마살을 부추겨 방랑의 길에 들었다.
성급한 생각에 발걸음이 느린 것을 원망하였다.
뒤따르는 그림자가 짐스럽게 어깨를 눌렀다.
어서 빨리 가는 방법을 찾다가 자전거를 익혔다.
지겹게 따라붙는 서먹한 바람을 따돌리지 못할 바엔
자전거를 타면서 바람과 친해졌다.
자전거를 타고 낯선 풍경을 누비고 다녔다.
자전거가 밥이 되기도 하였다.

낯선 곳을 기웃거리다 새로 낯을 익힌 사람들이
새로운 바람을 불어넣었다.
힘든 순간마다 악마의 속삭임이 끼어들었다.
바람의 본성이 살아나 무턱대고 달아날 궁리만 하였다.
오래 망설이지 않고 바다에 몸을 맡겼다.
배를 타고 한바다에 누워
낙타를 타고 사막을 건너는 꿈을 꾸었다.
숨 가쁘게 걸어온 길을 뒤돌아볼 겨를이 없었다.
신명이 기죽지 않았으면 불꽃 하나 밝힐 수 있었을까
바람에 휘둘리는 자신이 무서운 생각에 시달렸다.

길게도 못 견디고 바다에서 발을 뺐다.
바람을 겪을수록 몸도 마음도 고단한 것을 알았다.
결단이 빠른 성정은 단념도 빨랐다.
여러 번 돌아보지 않고 바다를 뛰쳐나왔다.

언제나 그랬듯이
정신을 차리고 곰곰 생각하면 마냥 황당할 뿐이지만

풀풀한 바람기가 졸아붙은 후에라도

내 핏줄 바람의 유전자는 달라지지 않을 것이다.

신춘희

1973년 현대시학 초회추천
1980, 1982, 1983년 매일신문 신춘문예 당선
1985년 『월간문학』 신인상 당선
시집 『풀잎의 노래』(2006), 『득음을 꿈꾸며』(2010),
『중년의 물소리』(2012) 외

구영리

구영, 달빛이 환하게 휘인다
구영, 물 건너에 천상이 있다
구영, 흙바닥에 사기그릇의 살갗이 파리하다
구영, 시인의 연필심이 사각거린다
구영, 게으른 산그림자가 강가로 내려온다
구영, 곤달비가 노랗게 모여서 눈을 홀긴다
구영, 인기척들이 가랑잎처럼 굴러다닌다
구영, 바람의 새가슴이 팔딱거린다
구영, 아직은 변두리라 구유 냄새가 남아 있다

사바사바

입에 담거나 글로 옮겨서는 안 될 내용인 줄 알면서도

그는 사바사바를 입에 담고 주변에 옮긴다

사바하娑婆訶 까지는 가지 않고 사바사바 정도에서 멈춘다

씹다버린 껌처럼, 요즘도 그 자신을 벽에 붙였다가

떼어내 입에 넣고 잘근잘근 씹다가

다시 뱉어내, 벽에다 붙인다

그는, 시를 쓴다

그는, 자신을 상급上級의 시인이라고 착각한다

그는, 자신의 시를 교회 십자가처럼 숭상한다

그는, 자신의 시가 세상과 불화하라고 부추긴다

사바하娑婆訶 까지는 넘보지 않고

주변부의 얇은 귀들에게 사바사바를 흘려보낸다

짧은 겉옷 아래로 삐져나온 화사한 꽃무늬 속옷처럼

그의 시는, 나이 들수록 추하다

낙담에 대하여

소설가 황정은이 낙담의 세계관에 대해서 언급했다

낙담의 세계관과 다퉈보고 싶다고 했다

나에게도 그런 골몰에 빠져 살던 시절이 있었다

그날 신문에는 청소부의 교통사고가 실렸다

그날 신문에는 밀입국자의 집단 검거 기사가 실렸다

그날 신문에는 무국적 배들의 사연이 실렸다

그리고 신문 밖에서는 바람에 꽃이 지고, 새가 침묵하고

반려견이 버려져 야생견의 무리로 돌아갔다

나는 낙담해서 말없이 집을 나가서

자정이 넘도록 막걸리를 마시고

방황하는 나를 거리에 버려두고

다시는 상관 따윈 하지 않겠다며 악을 쓰고

세상은 더러워서 버린다는 백석의 시를 암송하고

내 집 대문 앞에서 잠을 잤다

낙담과 다퉈보지도 못한 채 무덤 속 뼈처럼 잠을 잤다

김수영의 '고궁을 나오면서'를 읽다가

요즘은 혁명이나 자유를 노래하는 시인들이 드물다

아니 없다, 고 단정할 수 있다

개인의 사생활도 치부도 드러내는 의인이 없다

고, 유추할 수 있다

툭하면 추억 속으로 달려가서 유년의 바다를 노래하고

권력을 향해 메시지를 구애하듯 보내고

자치단체로부터 몇 푼 얻어 삼류 시집 낼 궁리나 하고

그러다 실패하면 관계자들을 향해 삿대질이나 하고

그것을 시라고 구술 받듯이 옮겨 적는다

요즘의 나는 이렇게 갈수록 쪼쪼해진다

시인 김수영이 그토록 증오하던 소시민 콤플렉스 탓인가

지유와 혁명과 사랑 대신 허잡한 신변잡기나 노래하면서

왜소한 시인으로 추락해 가고 있다

불쌍하구나, 나여

고매한 시인이라는 착각을 내려놓을 나이가 되었도다

마스크 공화국

강둑에서 보았다
모자와 마스크를 쓴 사람들

거리에서 보았다
산업용 방독면을 쓴 사람들

커피숍에서 보았다
실리콘 형태의 코 마스크를 착용한 사람들
한반도에 미세먼지로 뒤덮이는 날이 잦아지면서
미세먼지 비상저감조치가 발령되자
사람들은 얼굴을 잃었다

입과 코를 밀봉한 익명의 마스크들이
가스 화생방 훈련에 돌입한 그림자처럼 걷고 있다

지갑에는 인공눈물, 구강청결제와 손세정제를 지참하고
손에는 휴대용 청정기를 들고 있다

기관지 내부의 점액질 분비를 늘려준다고
추억의 용각산을 털어 넣는 실루엣도 있다

아무리 생각해도 정상이 아니다
임진각에서 한라산까지
마스크로 통일을 이루려는 것일까

대한민국은 바야흐로 마스크 공화국이다

모든 명령은 미세먼지로부터 나오며 어떤 저항도 국민에게
없다

Z세대

아이는 문지르는 것을 탐닉한다

스마트 기기의 스크린을 문지르는 버릇에 중독된 탓이다

스크린 타임에 들 때가 가장 행복하다

문제는 엉뚱한 곳에 있다

아이는 보는 것마다 문지른다

나무를 문지르고 책을 문지르고 입은 옷을 문지른다

문지르면서 화면이 바뀌는 스크린이 그곳에 있다는 착각을 한다

그러다 변하지 않는 묵묵부답에 흠짓 놀란다

손가락에 로봇의 기능과 두뇌를 장착한

저들은 누구인가

스마트 기기와 소셜네트웍스를 끼고 사는 저들을

인문과학자들은 Z세대라고 명명한다

머지않아 별종의 저들이 지구촌의 주류가 될 것이다

기존인종을 대체할 것이다

장마

21세기에 장마가 별 것인가

과해서 넘치는 것이 장마지

툭하면 비상경보 발령 떨어지는 중국발 미세먼지와 황사 말이여

저것이야말로 현대판 장마여

말해봐, 국경도 없는 저것을 무슨 재주로 막을 겨

재난문자 날리고 국민 세금 쓴다고 막아지나

그런 건 다 쇼야, 쇼오

구멍이 있으면 달려들어서 틀어막기라도 허지

천지사방에서 해일처럼 밀려와

사람의 몸속에다 중금속 물질 콱콱 쌓는디 워쩔겨

노아의 방주처럼 배를 타고 피난갈 수도 없고

그래, 배를 준비했다 쳐, 워디로 갈 거여

이 땅에서는 갈 데 없어야, 독 안에 든 쥐지

다 그간의 자업자득 아닌 감

모두들 요령껏 알아서 각자 도생하자고

하다하다 안 되면 워쩔 수 없어야

남국이나 북극으로 가든지 바다로 뛰어 들든지

성경의 소금기둥이 되든지, 죽든지

각자 알아서들 혀

문
영

경남 거제 출생
1978년 통영에서 최정규 시인 등과 〈물푸레〉 동인으로 활동
1988년 『심상』 신인 문학상
시집 『그리운 화도』, 『달집』, 『소금의 날』,
비평집 『변방의 수사학』(2018)을 발간했다.
현재 오영수문학관 문예창작(시) 지도교수를 맡고 있다.
youngmss@hanmail.net

똘레도
—심수구 화가*

똘레도에 갈까요

지구는 어제를 보내고 상처를 그렸다
강물은 하늘 바다로 흐른다

처음처럼—
나무 구멍이 숨 쉰 길을
누가 따라 갔는가

똘레도에 갈까요

하늘은 어제를 그렸다가 지웠고
바다는 어제와 다르게 출렁인다

싸리는 나무의 생애지만
토막 난 시간을 이어주는 일이란
생명의 목마름이 불탄 자리를 따라
이별의 마지막이 돌아오는 것

똘레도에 갈까요

*울산 출신으로 '나무회화'라 불리는 싸리나무 전시회를 스페인에서 가졌다. 2018년 타계했다.

기다림에 대하여

인터넷 사이트 쇼핑몰처럼
도로에는 차량이 몰려다닌다
짐승들은 주검의 상표로 포장되어
저자 거리에서 줄지어 서 있다
어제는 병원에서 아이들 울면서 태어났고
그 울음소리에 귀 닫고 죽어가는 이도 있었다
어제 같은 오늘이 흘러가고 온다
버려진 오늘이 노숙을 찾아
도시의 고양이처럼 돌아다닌다면
버림받은 내일은 사막의 바람이 되어 떠돌 것이다

이별이 없으면 사랑도 없고
눈물이 없으면 희망도 없다고
누군가 노래한다면
기다림이 사라진 곳에서
직녀여, 너는 기다리겠는가
하늘이 사랑하는 것은 모두 가난하고 쓸쓸하고 외로운 것이고*

아름다운 것은 가진 것 없어도 높고 쓸쓸하니 빛나는 것이
라고
말하겠느냐, 직녀여

*백석 시「흰바람벽이 있어」구절 패러디

영을 위한 에튀드

1

숫자를 말하니 모래가 쏟아진다 오늘이라고 말하니 어제가 온다 생을 헤아리자 영이 온다 컴퓨터와 자동차를 먹는 도시 머리도 몸도 없는 너를 부르니 모래가 쌓인다 CCTV와 GPS가 지켜주는 눈도 얼굴도 없는 빛 소리의 그물망 도시는 영의 반죽덩어리 지금이라고 부르니 과거가 온다 하나 둘 세니 영이 달려온다

숫자가 시간의 젖통을 빨다가 일어선다 걸어간다 모래더미에 빠진다 영을 찾아 헤맨다 잃어버린 시간을 인공지능이 검색한다 과거는 늙어버린 아이 현재는 피 흘리는 미래 삶은 자해하면서 쌓는 무덤, 영

2

시간이 예고 없이 전셋집 계약을 파기해 우주로 이사 가는 날이 오자 생의 담보 빚보증은 숫자놀이 계주에게 이자로 넘

어간다 해골 빈방 채우다 헛바람 난 검색사이트는 지구 전당포에 맡겨지고 카페 블로그 카톡 밴드 나대던 SNS는 복구 불능함에 던져진다

하늘에서 춤추다 사라지는 눈처럼
귀도 입도 없는 나의 하느님
삶의 그림자를 클릭하면
나타나는 유령,
영

둔황 시첩詩帖

1 막고굴에서

도시 아파트 동굴 한 채 장만했을 때
집이 나를 불안케 했고, 세간 살림이
주인이 되어 나를 끌고 다녔다, 짐이 된 물건처럼
분리수거해야 할 게 늘어가는 나이가 되면서
마음은 부실공사 건물처럼 금이 갔다

도시와 집을 떠나
모래 시간이 흘러가는 둔황에 와서
임시보관소 지구에 맡겨진 생을 생각하고
하늘 주인이 나를 데리러 오기 전에
사막 아파트 동굴에서 묻는 연습을 했다
지금을 사는 게 아프다면
막고굴에서 춤추는 그림자들은
삶을 사랑해서 죽음을 새긴 거냐고
죽음과 함께 살고 싶어 삶을 문신한 거냐고

2 백양나무 혀

사막이 우는 소리
말할 수 없는 날이 흘러갔다고

모래를 밟는 발자국
말할 수 없는 말도 흘러간다고

함께 갔다고, 간다고

은박 날개를 달고
하늘 길목에서 수런거리는
백양나무 혀

말 못 하는 통성 기도를
허공에 날리며 목말라 한다고

밤마다 사막이 우는 소리

바람과 별과 길이 통정한다고

3 사막 공원

주검은 햇빛 속으로 걸어가
뼈를 태웠다
바람은 모래 속으로 달려가
살을 날렸다
태양이거나 별이거나
빛을 부르는 것만이
모래 무덤을 열고
하늘 길로 오른다

뜨거운 몸에 담긴,
서늘한 심장이 날개를 단다
하늘 문을 여는 태양의 뼈가 빛난다
사막 바다에 물고기 떼가 헤엄쳐 간다

임
윤

2007년『시평』으로 등단.
시집『레닌 공원이 어둠을 껴입으면』,『서리꽃은 왜 유리창에 피는가』등.
limyun0606@hanmail.net

범법자들

자작나무 숲 헤친 길은 어디에 닿을까
두만강 일출과 압록강 일몰 두고
희부연 북경의 수도공항에 닿았다
로비에 들어서자 날카로운 눈매의 사내가 손을 내민다
기념으로 북조선 화폐와 교환 하잔다
블라디보스토크 외화벌이 노동자로
북경에 왔다가 평양으로 돌아가는 길이란다
한국인 상대로 위조지폐를 판다는 짐작이 왔으나
투박한 손등 닮은 민둥산과
강변에 자리 잡은 너와집 지붕 떠올리며
선 뜻 위폐를 거머쥐었다

바다 건너는 내내
먹먹한 가슴과 괜한 짓 했다는 생각이 교차했다
공항로비에서 맞닥뜨린 뉴스자막
정치인들의 뇌물과 비자금
정경유착의 탈세와 비굴한 웃음들
왜 법을 어긴 기득권자들은 웃는 걸까

억 소리 나는 얼굴 보면서
북조선 위폐를 만원주고 교환했으니
나의 죄목은 무엇이냐
국고손실인가
외환관리법인가
제아무리 높은 죄목 끌어다 붙여도
국가보안법위반이겠지

돼지 멱따는 날

죄지은 놈 목청은 언제나 우렁차다
백두능선 아래 첫 동네 내두촌
이방인이 마을사람들과 어울려
동네에서 가장 실한 돼지를 골라 멱따기로 했다
죽는 날 받아놓고 거들먹거리는 돼지
덩치 큰 녀석일수록 눈 꼬리가 사납다
거대한 몸집과 날카로운 시선
필경 동네를 싸잡아 쥐어도 시원찮을 놈의 텃세에도
목줄 움켜쥔 손바닥은 당당하다

천지물길이 지나치는 둔치
민들레 눈빛으로 노란 오후를 기다렸다
덩치는 쓰러졌고 시선은 흩어졌다
돼지의 주검으로 천지아래 사람들의 밤은 흥청거리고
승냥이 울음소리 가까이 들려오니
누군가 오늘밤에 돼지고기를 먹으러 오시는가보다
어둠 속에서도 시선은 날카롭다
숲에서 바라보는 빨간 눈의 그대여

돼지 살점을 독점판매하며
애먼 목숨 앗아갈 구실 만든 나를 탓하지 마오

어둠은 동조자며 날조자다
지리부도에 없는 길 만들며 야반도주하는 사람들
우리 함께 돼지 목숨 먹어치웠으니
필경 동업자 아니던가
대처에 기댈 몸 없이 첩첩산길 걸어온 당신
위정자들의 거친 손 뿌리치고
백두아래 내두촌에서
함께 잡아야 할 돼지가 있다는 것만으로도
우리는 마주보며 웃지 않은가

국경의 늙은 개

떠돌아다닌 눈은 맑고 투명하였다
빛이 어둠에 잠식당하기 전
눈동자는 반짝였고 어둠속에서도 익숙한 길
국경 방황하고 맹목에 길들여진 건
초롱거리던 두 눈 잃었을 때였다
모든 골목엔 족쇄가 채워졌고
발자국 소리에 귀 기울이던 귀도 졸음에 힘겨웠다
바람 불고 눈비가 들이쳐도
눈꺼풀 잠식한 풍경들은 장막을 거두지 않았다
거친 목소리로 윽박지르던 심장
총성이 메아리로 되돌아와도 두려움은 없었다
그 길 서성이던 너는 누구인가
너를 바라보던 나는 누구던가
쭈그러든 생식기 마사지하며 흘러간 강물
담벼락에 붙어살던 햇볕도 사라지고
기웃거리던 눈길도 증발했다
강물이 만들어놓은 길엔 딘단한 굳은살이 박여
푸석한 먼지처럼 각질이 떨어진다

경계가 허물어진 길에 휘날리는 폭설처럼
머나먼 남쪽에도 첫눈이 내린다
깃털 고르던 바람이 기억을 수거한 오랜 뒤
폭설 탓인지 희미하게나마 국경이 떠오른다
멀리서 개짓는 소리
눈보라에 지워진 철조망을 떠돌던 국경의 개

최재형

대기근에 초목도 쓰러진 반도
쇄골 드러난 황량한 두만강 건넜을 선생
방천 끝자락 삼국이 훤히 내려다보이는 전망대에서
민초들이 지나갔음직한
핫산 기차역과 녹둔도 너머 푸른 동해를 보았다
산그림자 드린 건너편 함경도 들판엔
왜가리 두어 마리 날아다니고
언제 지나갈지 모를 기차 기다리며
조러 국경 잇는 철교는 시름에 저물어갔다
훈춘 떠난 국제버스가 크라스키노 삼거리 지나칠 때
차창으로 우수리스크 행 버스가 보였다
기념관으로 단장한 얀치혜의 집 상상하며
몇 해 전 지척에서 기웃대다
경계심 가득한 러시안 주인에게 항의 받고
먹먹한 걸음으로 되돌아오던 날 떠올렸다
거친 바람 몰아치는 연해주 황무지
선생이 세운 한인학교의 아이들은 모국어를 익혔고
벽난로 같이 따뜻한 가슴에

폭설 견디는 자작나무처럼 군건했으리
블라디보스톡 신한촌 거리부터
크라스키노 능선 머나먼 북쪽까지
뽀얀 입김으로 달려갔을 동의회, 권업회, 동지들
하얼빈으로 떠난 대동공보 기자 안중근
헤이그 밀사 이상설, 이준, 이위종,
연해주 독립운동의 대부인 선생을 생각한다
강제이주 된 고려인 마을은 허물어지고
하바롭스크로 가는 국도엔 굉음 지르는 화물차만
휘청거리는 들판에서 황량한 바람 일으킨다
봄눈에 솜털 씨눈이 설렜을 그해 사월
자작나무 희디흰 껍질과 잔설이 쌓인 거리에서
군국주의 괴물들이 휘두른 총검
선생은 군홧발 찍힌 눈밭에 붉은 꽃잎으로 쓰러지셨다
미완의 독립인 한반도
노블레스 오블리주가 그리운 요즘
선생의 자취 따라다니는 것만으로도 가슴이 뛴다
들국화 꽃잎 위로 노을 짙어가고

황무지에 걸린 태양을 향해 달려가는 횡단열차
긴 그림자 끌며 지나간 북쪽으로 다시 세찬바람이 분다

역류하는 강

밀물이 닥칠 시간이면
강은 바닥부터 끄르륵 거렸다
안개 속에서 꿈틀대는 푸른 하지정맥
정강이부근에서 성장 멈춘
바람에 떠는 버드나무 그림자 쓸며
거꾸로 흐르는 강
가장자리엔 저녁 등 진 그림자가 고여
반쪽 난간에 핀 가로등 불빛 따라
바람에 묻어 다리를 건넌다
강둑의 경계부터
물속으로 빠진 단동시의 건물들이
잔물결에 떠다니며 불 밝힌다
물속 어둠과 건물 속 빛이 하나로 출렁대는 저녁
수평의 침묵 아래 빛을 삼키는 물고기들
둔치에 엉덩이 눌러 붙여 물속 바라본다
생의 문제점은 아가미와 부력인가
애드벌룬 보다 높게 출렁대는 코발트빛 울음
국경의 비중은 너무 무거워

가빠오는 허파 호흡
발 디딜 바닥없어 익사하는 고래처럼
먹먹히 바라본 건너편 초소
가물거리는 말간 등불에 밀물의 등뼈가 출렁거린다

단단한 비석

—조명희 비석 앞에서—

오랜 시간 흐른 뒤
바람이 쓰다듬은 흔적 뚜렷한 비석을 마수했다
독수리전망대가 지척인
블라보스톡 러시아극동대학 한적한 뒤뜰
선생은 나지막한 비석으로 차분히 반기셨다
루스키섬에서 불어오는 바람에
먹먹하단 핑계 대며 손으로 눈을 가렸다
자작나무의 부릅뜬 눈
재잘거리는 학생들의 가벼운 발걸음
선생이 거닐던 신한촌은 흔적 없고
러시안들이 초가 허물어 신도시를 만들었다
아니키스트 발자국 찾을 수 없어
극동함대가 정박한 항만에서 불어오는 바람
자작나무 이파리는 자꾸 붉어졌다

바람은 북쪽으로 거칠어지고
우수리스크 육성촌 황무지에 자욱한 먼지
창틀만 남아있는 한인학교

유리창에 비친 풍경 그리워하듯 고개 디밀어 교실을 보았다
공허한 내부 그리고 침묵
중앙아시아로 강제이주 된 까만 눈 아이들
선생은 아무르 강변의 외줄기 총성으로 사라졌다
낙동강은 사실을 아는지 모르는지
남쪽 강변 사람들에겐 이미 잊어진 비석
수이푼강에 슬픈 유허비가 있듯
선생은 거친 바닷바람 부는 러시아극동대학 뒤뜰에서
홀연히 남은 시간 기다리시는가보다
자작나무 떨어지는 계절 순한 미소로
반도에서 불어오는 소식 차분한 가슴으로
분단의 조국 먹먹한 시선으로 저리 바라보시는가보다

서해 둘레길

꿈에 나타난 무지개는 혼자만의 비밀
천연색 꿈이라니
발해만에서 불어오는 바람의 홍채
선홍빛 물결은 덤일까
물결 닿은 반도 향해 유민들이 건넜을
붉은 빛의 요녕 끝자락

밤바다 건너는 삼등칸 뒤척이며
쿵쿵거리는 엔진의 진동수 헤아리다
난바다 출렁거렸을 난파선 생각하다가
항로 없이 어둔 바다 헤쳐 간
황해도 작은 어촌의 고깃배를 떠올린다
연암처럼 눈 감고 귀로 듣지 못해
두려움이 겹겹이 쌓인다
물거품 물고 몰려드는 난바다의 파도
폭풍 지난 뒤의 평온이
차라리 더 두려울 수 있다는 걸
이순이 된 지금도 귀가 뚫리지 않아

해답 없는 길에서 두 눈에 의지 할 수밖에

폭설이 내린 간 밤
밤을 꼬박 센 여객선은 단동항으로 미끄러지고
푸룻한 새벽이 선창에 붙어
이국의 첫인사 보낸다
분주해진 승객과
인천항에서 승선한 덩치 큰 보따리들
단동, 신의주는 길목에 있으나
철조망의 굴레에
바다에서 절반의 생을 살아가는 유민들

장상관

2008년 『문학 · 선』으로 등단
시집 『결』
every-wave@hanmail.net

노루궁뎅이버섯

나무에 붙은 궁뎅이를 본다
배설이 급해서 궁뎅이만 내밀었구나
그렇게 생각했다
나무속이 궁금해서 들어갔다 그만
나무가 된 노루
눈이 노루로 보는 순간 나무가 사라졌다
한껏 자라난 뿔은
뿌리를 뽑지 못해 버둥거린다
치부를 드러내고도
부끄러운 기색이 없다
하얗게 털갈이하고
눈동자에서 멀어져 가는 노루 구름 따라
달려가고 싶은 몸
궁뎅이를 떼어내도 모른다
무언가에 몰입하는
열정적인 모습 앞에서 궁뎅이를 들고
냄새를 맡아보는 약초꾼
구린 곳이 향기로운 것은 이것뿐이란다

참 맑은 눈빛

당신이라는 신은 수시로
둥근 눈 속에 야성을 가두고 굴린다
세상에서 가장 작은 암막 커튼 두 폭을 치고
온순해질 때까지 한없는 자비를 베푼다
탐욕이 가장 탐내는 공간이 눈이란다
범접하지 못할 빛을 내뿜으며 가르치는 당신
모난 곳 깎아내어 둥글게 보라고
눈동자는 누구나 둥글단다
말없이 다독이는 손등을
날카로운 손톱으로 끝없이 할퀼 때는
어쩔 수 없이 놓을 때도 있으련만 더 힘을 준다
유리 조각이 모래와 함께 뒹굴다 보면
날카로운 성깔 미련 없이 버리지 않더냐
천연색 몽돌이 되지 않더냐 토닥인다
피에 굶주려 으르렁대던 이빨도 당신 눈빛에
한번 사로잡히고 나면 조아렸다
보고 또 보고 구르고 또 구르다 보면
깎이고 깎여 온순해지는 그런 굴복이 아니었다

스스로 저를 깎아내는 참회였다
훤히 내비치는 자신을 들여다보며

기술자

말은 필요 이상 꺼내지 않는다
기계 속으로 들어가서 결함을 찾아낸다
귀는 족집게 청진기
재빠른 수리가 중단 없는 노동으로 귀결된다는 철칙 아래
닦고 조이고 기름 치는 일은 기계를 돕는 비서업무

며칠 전부터 가끔 신음하던 발동기
속울음 웅얼거리다
급기야 제 몸을 떨며 오열하고 있을 때
그가 들더니 금세 달래버렸다

속사정 잘 드러내지 않는 녀석도 할 말은 한다
뭔지 알아들을 때까지 기울이는 관심은 품질관리 비법이다
앓는 소리 잘 들어줘야 파업을 안 한다
연장을 챙기며 내뱉은 말인데 노동법보다 백배 낫다

왜 그런지 모른다면
알 때까지 곁을 지키려는 의식부터 정비해야 한다

눈 귀 손이 읽고
기꺼이 아픈 기미를 헤아려주는

노랫소리와 신음을 구분할 줄 알아야 기술자다
기술자는 일류를 경계로 삼는다
일류는 넘친다는 뜻 넘치면 무너진다는 진리를 안다
기계는 신난다 아프다는 두 말밖에 모른다
잔디 깎기는 잔디가 뭔지도 모른다

오마주

내 이름은 천후표
나긋한 손이 건네주는 태양을 들고 있으면
참말로 해가 뜰 때가 많았다
우리는 그녀를 오 마이 갓이라 불렀다
농민은 비만, 노무자는 해만
서로들 머릿속에 꽉 들어찼다

그녀는 수시로 구름을 만지작거리다
저도 모르게 내게 건네줬다
그러다 쫓겨나 농사일 도우러 떠난다 했다
구름을 인용하다
미친년이 되어 울먹였다
천변 물길 따라 동경하던 구름 따라
두둥실 그려놓은 그림 해독하다
오 나의 주, 비와 그늘 따라갔다는 풍문

놀고 있는 태양 구름 눈 우산이
한 박스씩 쌓여있다

내가 구름을 들면 마주 보는 이마에 구름이 복사됐다
해를 들면 나를 보는 얼굴들이 빛났다
우산을 들면 주먹부터 날리는 허풍선이 왔다 가면
몸보다 아팠다 마음이
오 마이 갓
또 누군가 지금 박스를 뒤적이고 있다
가슴이 조마조마하다

자백

선녀와 나무꾼에 호프 마시러 갔다
갈증을 씻기 위해 힘없이 좌절하던 기운
북돋우기 위해 한 홉 들이켰다
둘러앉은 선녀들은 먹구름이 튀겨놓은 때를 벗기고
나무꾼들은 열심히 도끼질한다
부조리한 둥치 불공평한 처우의 뿌리를 팬다
취기가 치기로 변하는 부류와
울분이 울울창창하게 동화되는 호프집 기류를 타고
여울진 마음들 심중을 헤아려본다
선녀는 날개옷 찾으려 족쇄를 끌며 울음 터뜨리고
나무꾼은
또 다른 사슴 만나려는 은밀한 희망을 꼬불친다
흐느끼는 소리가 눈시울을 뜨겁게 끓인다
언제나 그랬듯이 가슴속 잠자던
바다가 주체 못 할 폭풍에 깨는 시각이겠다
주위가 부유하고 말소리 멀어질 때
나도 그랬었지 하는 자괴감이 치솟는다
날개옷 몰래 감춘 나 역시 나무꾼

얼마나 많은 날개옷을 감추고 아닌 체했나
은빛 도끼날 휘두르며
얼마나 많은 선녀를 흑암 속으로 밀었나
거품이 있는 호프
용기삼아 마시며 속죄를 토하자
나무꾼도 미투

오렌지

—코스타리카 한 열대우림이 난개발로 황무지가 됐을 때 두 과학자가 오렌지 껍질로 땅을 덮어주었다

난개발이 죽였던 열대우림이 되살아났다
그것도 사람이 아니라 오렌지가
오랜 지혜가 담긴
몇만 톤의 껍데기가 16여 년 만에 기적을 만들었다

사람 손으로는 자연을 빚지도 못하지만
자연을 살리는 일은 더욱 엄두조차 못 낼 일 아닌가
어떤 노동이 민둥산에 열대우림과 새를 불러들이겠는가
오랜 노고와 수만 년간 물려받은 숲속 유전자만이 가능하다

삽이나 곡괭이보다 부드럽고 강력한 친화력으로
흙을 달래는 기술을 부렸겠다
쓸모없는 껍데기가 무량한 기적을 만들 줄이야
자연 속 태생은 이렇듯 버릴 구석이 없다

알맹이 다 내주고 쭈그러진 몸들이 산으로 들어가는 계절
최저 임금이라도 좋다며 걸음마다 춤사위가 핀다

주름진 손이 흙살을 주무르고 화상을 지우기 시작한 초봄
인간 부주의가 불태운 산이 저 기적처럼 부활하겠다

틈

눈동자는 뒤에 북을 감추고 있다
닫힌 맘
두드리는 말은 제일 먼저 이 북을 쳐야 한다
동공이 떨릴 때까지
잘 조율된 공간이 텅텅
걸어 나가 심장을 요동치게 만드는 북
요령도 없이 두들기다
뒤틀린 속내 한껏 풀어내지 못하면
울림은 저를 거두어주는 곳으로 발길을 돌린다

둘 사이 아무리 밀착시켜도
부푸는 틈
이 간극은 마음 어우르는 북이다
정성껏 돌보지 않으면 맥놀이도 돌아보지 않는
서로가 간절하지 않으면
서서히 절간으로 변해가는 틈
벌어지면 벌어질수록 더 큰 북채를 요구하게 된다
서로라는 틈은 틈틈이 두드려주지 않으면

어느새 실금이 창궐한다

빈틈없는 자세는 적의를 감출 때나 필요하다

샴

친구여 요즘 들어 머릿속이 더욱 덜그럭거린다 동굴을 파고 기억을 잡아먹던 망각이란 괴물이 이제는 엔도르핀이 솟아 나오는 구멍을 틀어막고 불꽃놀이 하던 환희마저 쫓아내기 시작해 텅 비어 가는 속 언제부턴가 생각이란 놈이 생각을 잊어버리고 벽을 치며 발광이다

친구여 편하기 위한 처음 의도와 다르게 모든 기억은 이제 이동식이란 형이 관리한다 손가락 화법으로 자판을 두드려 물어보지 않으면 그 누구도 만날 수조차 없다 어느덧 맡겨둔 기억 찾는 절차가 복잡해졌다 편리가 불편으로 변하는 요인은 귀차니즘이었지 친구여 별에 손전등으로 우리 기별을 보낸 적이 있었지 그 빛이 달려가다 절대온도에서 얼어버리진 않았을까 만약 돌아온다면 우리도 예전으로 돌아갈 수 있을까 친구여 이동식은 외장형인데 떠돌이가 되어 가끔 소문으로 전해 듣던 소식마저 끊긴 외사촌 형을 떠올리게 한다 이동식은 내 몸을 제 몸같이 쓰고 심지어 심장까지 덜컹거리게 하더니 한번은 강제로 분리 수술을 당하고 식물인 채로 화분에 갇히고 말았는데 태연하게 비밀번호를 발설해버렸다 모든 신

용이 바닥나버렸는데도 불안한 기색도 없다 체온 따위는 금방 잊는 무정한 형은 0과 1밖에 모르는 자폐증으로 내 기억을 모조리 긁어가기에 여념이 없다

친구여 이제 기필코 분리해버리고 나를 살려야겠다 내버려 두면 내가 어딘가로 감쪽같이 이동될지도 모르겠다 내 머리가 장식품이 된다면 슬플 시간도 없겠지 친구여 중요한 모든 관리는 형이 하고 있어서 치밀한 계획을 세워야 성공하겠지 나도 치매가 인도하는 치욕에 들기 전에 반드시 자아를 되찾을 걸세 친구여 자네가 늦어버린 결심을 내가 이루겠네! 낯선 간병인이 달라붙기 전에 말일세 게으름이 온몸을 칭칭 감고 진득거리는 생은 이제 지겹네! 나는 지금 다나킬 모래바람을 뚫고 잃어버린 낙타를 찾아 헤매는 카라반이라네

황지형

2009년 『시에』로 등단.

rmfldna2002@hanmail.net

흡인력

한 달 반 동안 1408쪽 책 세 권을 읽는 동안에도 여름은 한창이다. 밑줄을 그어가는 동안 등장인물의 묘한 섭리도 깊어갔다? 모니터를 켜고 밑줄 친 부분을 자판으로 필사하는 손가락은 1408쪽 페이지를 모두선택 하는 동작 버튼을 누르고 싶다. 도스또예프스키가 오십 살 넘어 썼다는 까르마조프의 형제들은 젊은 청년이다. 큰형이 아버지를 죽인 범인으로 몰려가지만 시민들은 ← 기호를 눌러 누명을 벗겨주려고 하지 않으므로 여름이 깊어가는 자판은 들판을 펼쳐놓은 메뚜기처럼 팔딱거리는 것인가. 망망대해 모니터에 연결 돼 화장실 가는 것도 잊어버린다. 허용된 모든 것을 얻기 위해서 자음과 모음이 독방선을 타게 되지. 자존심으로 자판을 두드리는 네모 속에 갇힌 검은 글자 나무 한 그루 없는 모니터는 구원의 손길을 깜빡거린다. 글자를 계속 쓰는 동안에 그것은 규칙 같아서 화를 벌컥 낸다고 해서 책 상권으로 올라 갈 수는 없다. 하권에 이르러서야 자판에 씨앗을 뿌리는 것이 정착되어도 참나무로 자랄 수 없는 것이 있는 것이다. 자판을 두드리며 글자수를 채워가는 시간은 짧나. 밤새도록 수도꼭지를 틀어놓고 자판을 두드리며 표도르 도스또예프스끼의 책 층층을 갉아

먹는 것은 메뚜기의 몫이다. 언젠가 한 번은 하느님이 보이지 않는 곳 참나무 아래 순결한 여인 그루셴끼가 되고 싶다. 모니터에서는 백 분의 일도 믿기지 않으리라. 변경 내용 [기록 중지] 페이지 수가 많아지면 극도로 나를 부정하려 드는 걸. 좌판에 연필을 45도 세워 붙이면 어떤 생활을 했는지 내가 직접 창작했던 상권과 하권의 힘센 팔뚝을 맞이한다. 착한아이 증후군에 모두가 침물을 흘리는 글자 한 자 한 자 놓치지 않으려 책을 확 들어 던지며 불신의 사이를 오간다. 한 달 반 동안 읽은 1408쪽은1408번의 활공을 맞이한다. 눈곱만큼이라도 영혼을 갖게 되면 아슬아슬하게 자판의 뒤축이 흔들린다. 모래시계와 줄자를 들고 네모는 네모를 내세운다. 가로 줄자를 내세우고 세로 줄자를 내세워도 모니터는 23줄 째 32칸에서 44칸을 창조한다. 여전히 제 1구역을 벗어날 수 없다. 여름이 가는 동안 상중하로 번역된 책을 삽입해 넣고 매달려도 변경 내용은 기록 중지를 요구한다. 검은 덩어리가 차곡차곡 모니터를 채우는 것처럼 보이지만 표도로 도스또예프스끼를 읽은 기억조차 쏟아진다. 쏟아지는 것도 자의가 아닌 무의식적인 계산법이다. 제 책을 돌려달라고 밑줄 그은 부분만을 자판에 남겨보지만 얼마나 더 찍어내야 바닥이 드러날까. 억지로 30줄을 맞추려고 평생 기뻐 할리도 만무할 커스에 매달린다. 활자에 중독된 병을 앓는 내게 커스를 돌려주십시오. 모니터를 마주하고 있는 눈앞엔 때때로 여름 마지막까지 쌓은 활자들이 다 떨어지고 있다.

낮잠에서 깨어나

우의를 입고 그림을 그린다. 스케치북에 당신은 물감을 치할 것이다. 죽음에 관한 그림이 될 것이다. 2009년에 만들어진 물감이다. 당신은 흰색에서 검정으로 태어난 몸을 이끌고서, 빛의 움직임도 아닌 오직 끌리는 것을 따라가는 침묵으로. 물감 속에 들어있는 색들은 계속해서 빠져나가려고 한다. 불가항력적인 한 남자가 물감을 쓰고 가고, 낮잠에서 깬 남자와 대량으로 빨강색을 풀어쓰고, 이미 그림을 그리기 시작했지만 물감을 칠하는 소리는 아니고, 물감은 자꾸 물이 필요하고 색이 팽창해가는 데서 사로잡힌 빨간색은 보이는 색을 모두 더해 검은색으로 내려다보고, 당신이 없는 그림은 고백하자면 부끄러움을 느끼고. 2019년을 살아남습니다. 당신은 다량의 물이 필요하지만 졸음이 온다. 우리는 물이 만들어낸 것이 무엇인지 모릅니다. 다음 생에도…… 마음의 움직임대로 물감을 짜내고 있습니다. 반복된 손질을 필요로 하는 나를 위해 당신은 우의를 입지 않는 날을 선택해. 손바닥에 얼굴을 얹고 그림을 들여다봤지만 칠 벗겨진 그림 앞에 당신은 침묵을 삼킨다. 그것은 너를 필요로 하는 그림일 것이다. 불가능한 그림을 생각했습니까? 입을 틀어막은 검은 물감. 물도 바람도 아닌 오래된 욕망처럼. 모든 물감을 더한 잠처럼, 검은 색이 된 운명처럼. 당신은 도무지 자라지 않는 말들을 사육하고 싶었습니까? 흔히 그림인지 꿈인지 모르겠다고 말하는 것처럼 풍경이 원경으로 물러나고, 움직이는 물체를 묵도 할 수 없는 발가락에 붉은 반점이 번지고, 우의를 입은 냉동인간을 수습하고 어떤 모욕을 발설하고 싶고, 당신은 일정한 손놀림을 합니다. 손끝에서 비가 그쳤다 어떤 색들은 잠자는 감정을 되살려야 할 것이다.

심청은 초조하다

연꽃타고 돌아 왔던 심청, 효심 지극한 효녀였지 아버지 심봉사 눈 뜨게 하느라 공양미 300백 석 부처님께 바친 뒤 잠깐이나마 하직 인사 눈물바다였지 인당수에 들어가려고 할 때 허수아비는 치마를 뒤집어썼지

젖동냥 할 때마다 아버지 소원 들었으니 목숨을 생으로 바다에 던지려는 거였는데, 용왕님 마음 받으시고 얼마나 흡족했을까 인신제물로 꽃다운 나이에 바다에 빠지는 죽음을 마다하지 않았으니

인당수에 이르러 공양미 300백 석으로 바다에 제사를 지냈겠지 208년에 출생한 심청이 이 때 아버지에게 간을 떼어주지는 않았지만, 그 목숨대신 왕비가 되었으니

에이라, 전자제품의 전원을 모두 뽑고 타임머신을 탈거라고? 도통 아무것도 읽으려고 하지 않은 말대로라면 불과 십여 년 만에, 인당수엔 바다쓰레기들로 가득하겠지 눈뜬 아버지는 자신의 비행기사가 실린 신문을 원통으로 말아 쥐며 읽지

않아도 알 수 있다며 잘 부탁한다고 했겠지

심숭생숭사탕

마음이 심숭생숭한 날 사탕을 입에 넣고 굴려본다. 내 입 안의 입에서 살살 녹는 사탕. 두 소각 난 사텅이 품어내는 향기. 싱싱한 혀에 도착하는 색도화지들.

어제도 하나도 안 피곤하고 오늘도 안 피곤하고 좋다 나도 어제 일찍 잤어 맛난 거 챙겨먹고 봄 잘 챙기자 그래 기다릴 게 많이. 삶을 가늠한다고 말하기까지 끝없이 사탕을 굴려댔었다.

나는 알약을 먹으며 어느 때에는 목을 빼 혀를 달싹거리고 있다. 바람이 불면 움츠리고 있었던 도안을 그리는 몽당색연필들

오래 울고 난 얼굴이 있다. 수줍은 입술을 아직 바라보는 내가 궁금하여 자릴 털털 떠나지 못하는 진통제. 반겨 줄 사람을 땅에 묻거나 불태워 버릴 때까지 그대가 그린 표식을 바라보는 청맹과니. 사탕 다 녹을 때까지 욕을 퍼붓는 상자 속의 약.

난 처음부터 사탕이 싫었다고 입 속의 혀를 말아 천장에 붙이고 더 많은 욕이 쌓일 때까지 벌어진 입술을 깨문다. 침이 죽 흐르고 침이 독이 되도록

녹은 사탕을 아짝 씹는다. 내 혀를 씹는 분홍빛 사탕. 골목이 끝날 때 마다 울음도 멈추는 깨끗한 구멍가게. 나는 사탕을 하나씩 녹인다. 목젖 아래로 떨어지는 시간의 발목.

연기를 내뿜는 가방

주름은 가까운 골짜기를 만들어. 배 위에 쑥뜸을 놓으며 사회복지사는 굽은 허리를 펴 준다고 했다. 뜸을 놓는 가방에서 사랑이 시작되었으니 연기에 주름이 생길 수밖에.

연기를 피워대던 등허리에 올라탈게. 평생 동안 피워대던 흔적이 참혹했던 언니. 골짜기에 비가 왔고 잃어버린 항아리 속에 쑥을 끼워 넣었다.

전화의 흔적이 몹시 있었고 더 절실하게 배 위를 지나갔다.

배가 멈춘 곳, 배꼽에만 연기가 고였다. 연기가 타오를수록 노를 저어 산으로 올라가려고 했고, 구름을 다 날려 보낼 때까지 가까운 골짜기를 없애려고 했다.

엄마야, 자식들이 다 컸으니 가방을 열어주렴.

언니를 연결하여 단숨에 자식들은 커져갔다. 내장을 빼낸 고기처럼, 소금에 절여졌던 것처럼 해안선의 골짜기를 지우려는 얼굴은 바다에서 가져왔다.

햇볕을 쬐며 엄마는 돌아온다. 엄마와 언니의 연기가 비슷한 것에 주의하는 저녁. 줄을 지어 달리는 엄마도 엄마를 데리고 온다는데.

뜸을 떠주는 사회복지사의 입은 실개천으로 흐리고 있었다. 내일은 뜸 뜬 자리에 쑥이 자라고, 경로당에서 다정히 연기의 수업을 함께 받을 수도.

양들은 수건의 매듭에서 빳빳해지지

마지막에는 북쪽으로 이동하게 되지 수건으로 양머리를 만든다고 양들이 되지는 않는단 말이야 불가마에 도열해 있는 양들이라고 목구멍으로 타들어 가는 소릴 안낼까……

땀 흘리는 호흡이 가빠지고 머리가 띵해진다 허공을 딛는 소리 냉수를 건네고 있지만 하루 종일 불가마에 들어갔다 나갔다 하는 사람들 떠도는 소리는 가지각색

사람들은 누구나 양머리를 할 수 있지 그러니까 자기 몫을 가지고 태어난다고 말할 때조차도 아버지의 말을 재빨리 해득하지 못하는 순한 양이 된지 오래여서 눈곱만큼도 나쁜 세상에 산다고 생각하지 않는 똑똑이지만

그는 사람인 동시에 양들을 향해 '결혼할 때 되었군' '이봐 학교는 졸업했다지' '용역회사는 다닌다고' 같은 말들로 무릎을 꿇게 만들기 일쑤다 그러면 불가마 속에서 내가 어쩌다 저런 양들을 만났을까 중얼거리곤 한다 '어쩌다 사람들을 만나면 낮고 굵은 목소리로 음메에에에 기죽은 수건이라도 준비해야지요'

어떤 사람들은 몸을 굴러서 아무데나 가버리는 것 같다 끝 매듭으로 머리에 뿔을 늘어뜨린 채 마침표로 돌아가지만 마

침내 붙박여 있는 불가마로 이동하지

일상적인 여름날

박수는 자리를 바꾼 수박에서 나왔다 사소한 일상이 바탕이 된 줄무늬수박이었다 물결치는 간격이 일정할수록 박수갈채를 보내는 일이 되풀이되었다 이게 뭐예요? 위장크림을 바르고 유아기를 자르듯 수박씨를 털어버리고 박수로 채워 넣었다

우리는 빛이 들지 않은 위치에서 수박을 나눠먹었다 가난한 시절이었으니까, 여전히 빛의 손길이 들지 않았고 수박의 두께가 얄팍해지도록 배를 불렸으니까 잘 익은 수박씨라면 별들도 사라졌을지 몰라도

더 빨리 박수를 치는 나날, 입 밖에 내지 않은 일들이 빠르게 생겨났었다 수박을 뒤집으면 박수를 치는 시간이 멈출까요? 미안하다 쪼개진 수박을 먹을 수 있다는 것은 24절기동안 박수를 쳐야 한다는 것을 알게 된 것

날이 갈수록 현대인의 걸맞게 박수 부대는 늘어났다 고구마박수 감자박수로 규모를 넓히는 것을 진화라고 불렀던 것,

더 빨리 더 빠르게 빛의 손길도 거치지 않은 채 또 한 번 화면에 나와서 거리낌 없이 절기를 건너뛰었다

이강하

2010년 『시와세계』로 등단.
시집 『화몽(花夢)』, 『붉은 첼로』.
uree7766@naver.com

꽃기린

결국, 꽃기린이 퇴사를 했다고 메시지가 왔다 바람 불고 비 오는 한밤중에 꽃기린의 아빠는 짠하면서도 양철지붕 위의 고양이 마음이다 아, 그래! 참 잘했구나 잠시라도 집에 와서 쉬었다 가렴 가시 박힌 몸으로 다음 일을 준비하자면 또 얼마나 단단한 빗방울이 되어야 할까 퇴사하고 싶지 않았지만 퇴사해야만 했던 방울방울 빗방울이 유리창에 피어난다 아, 그래! 어쩔 수 없지 뭐 그런데 어쩔 수 없는 일은 계속 일어난단다 그것이 아빠들의 세상인 걸 빗방울의 세계 인 걸

마트에서 구입한 꽃무늬이불 한 채가 빨래걸이에서 분홍분홍 흔들리고 있다 그 아래에서는 꽃기린과 함께 자란 꽃기린들이 박수를 치고 있다 꽃기린이 빨리 보고싶다고 내일부터는 아프지 않았으면 좋겠다고 수십 송이 꽃을 펴들고 이불을 올려다본다 아, 그래! 그동안 동생도 겨울을 견딘다고 고생 많았구나 고난의 꽃이여, 나의 빗방울들이여

수국

다시 핀 꽃이 화사하게 보이는 날이면
나비는 극도로 흥분을 한다
그 감정은 물의 발아

무아지경인 음악처럼
첫사랑의 음률처럼
또각또각 검정구두 신고 빙글빙글 돈다

태풍에서 살아남은 꽃은 강하다
나비는 더 강하다
그때의 사랑은 그럴 수밖에 없었다고
너무 가난해서 정치적일 수밖에 없었다고
새가 지저귈 때마다 다른 각도로
선(禪)의 일부가 된다

사건과 소문이 난무하는 시대
태양의 둘레는 과연 그대로일까
문제가 된 구름은 지금쯤 어디로 흘러가고 있는지

물의 기억이 생생하기를

어떤 순간엔 확, 내팽기고 싶은
황당한 말들이 자꾸 차오른다
구석구석 펴지면서 쿨렁거리는 태양의 골짜기로

너의 미래가 올라가고 나의 미래는 내려가고
이해할 수 없는 나라는 계속 돌아가고

타샤의 정원

넓어진 길의 끝부분이 꽃무늬두건을 쓰고 차를 마시고 있다 찻잔의 온도는 뜨겁고 발가벗은 나무 위 새소리가 차곤하다 스쳐간 당신의 사랑이 무작정 같지 않아서 외려 산속 공중은 광활하다

지붕과 나무 사이가 깊고 붉어서 '괜찮다' 라는 형용사로 수십 미터 공중을 끌어내려 매만져본다 뒤틀린 어제의 잡음을 골라내면서 이별한 꽃과의 관계는 영원히 행복하기를

푸른 공중은 나비들의 날개가 넘어야할 길이 겹쳐진 피안이다 새 울음이 발라진 단풍 길이기도 하다 지금 우리가 걸어가고 있는 이 길도 마찬가지일까?

부서진 내 오른쪽 어깨의 한 모퉁이가 바이올린을 켜기 시작했다 먼저 간 사람과 죽은 꽃들이 공중을 오고간다 돌담을 헤아리며 바람의 구멍을 궁금해 하면서 차분함과 용맹함이 모인 말의 분화구를 생각하는 밤,

어느새 타사의 마당이 하얗다 토끼와 강아지들이 뛰어다닌다 먼 미래 언덕까지 하얘지는 바이올린 소리, 오! 내일이면 성탄절이군요? 통증을 견뎌낸 선(禪)의 방에도 익은 계절이 뚝뚝 떨어지겠어요 눈이 펄펄 내리듯 은백색 고요의 깃발들이

푸조나무

골짜기의 물소리는 모던한 꽃병이 되고 싶다
이 세상에 하나뿐인 꽃병,
그러면 주변의 모든 기억도 모던한 꽃일 테지

냇물소리가 무모하다는 건지
푸조나무가 귀를 펄럭거리며 허허 웃는다
도시의 문명은 그리 만만치 않다고
쿵쿵 지팡이 소리를 섞는다

당신을 읽는 시간이 이렇게 오래 걸리다니
정말 나도 한심해! 이제 나도
구겨지는 소리에 익숙해지나 봐
누군가의 소문을 구기면서 귀를 씻고 있는데
꽃 수십 송이 내 앞으로 둥둥 떠온다

어디서 보았던 꽃일까?
하늘 한 바퀴, 계곡 한 바퀴 빙 둘러보는데
저 멀리 바위 뒤에서 떼죽나무가 허허 웃고 있다

나처럼 귀를 씻고 있다

골짜기의 나무들은 어떤 기억을 견디면서
날마다 어떤 물소리를 내는 것일까
푸조나무가 노을을 보며 손짓한다

설령 귀가 들리지 않는 날이 올지라도
매일매일 모던한 세상이고 싶다
이 세상에 하나뿐인 꽃병,
그러면 내 주변의 모든 기억도 모던한 꽃일 테지

* 하동군 화개면 범왕리 푸조나무

낙화

저물녘, 송이송이 절벽이 내리네
숨이 멎을 만큼 싸한 파란이

흙에 닿기까지
몸부림이 멈출 때까지
얼마만큼의 우주를 구부려야했을까

잠깐 피었다지만
그 잠깐은 얼마만큼의 태양이었을까
얼마만큼의 달이었을까

오래전 우리가 만났던 그 자리
꿈의 바다가 하늘 머금고
붉게 타네

지극히 아름다운 피안, 나도
동백꽃처럼 편안해지고 싶네
먼 나라 낯선 섬에서

오래오래

나무

— 불편한 진실

예고 없이 태풍이 몰아쳤다 비바람을 몰고 온 거대한 짐승 울음소리가 촛불광장에 울려 퍼졌다 잎이 떨어지고 가지마다 피멍이 들었지만 쓰러지지 않았다 오래 전에도 이와 같은 일을 경험했으므로 일찍이 저장한 지혜로 견뎠다 비바람이 거세지면 밀리는 쪽으로 단단한 근육을 내밀었다 민첩하게 안으로 원을 그리다가 욕심 없이 휘어지다가 비의 감정을 되감아 밖으로 분산시켰다 바람 부는 쪽으로만 치우쳤다가는 뿌리에 무리가 따른다 직선으로 부는 바람은 바로 받아서 가지들과 함께 속도를 제압했다

사실 지난여름에는 나에게 맞지 않는 도시의 거름을 과식해서 잎과 가지가 한참 불편했었다 가지들이 튼튼하게 잘 자라도록 신선한 영양분을 공급하는 일이 가장 중요한데 말이야 지엄한 인간들이야 일기예보를 통해 태풍에 대비했겠지만 과연 그 정보가 안전할까 나는 항상 나만의 기도와 나만의 지혜로 뿌리를 지킨다 겨울은 겨울대로 봄은 봄대로 불편한 일이 많지만 그 불편함이 기쁜 일로 되돌아올 때도 종종 있었다 그 종종이 불편함을 덮어줄 때는 어제를 깊이 생각하고 반성

한다 "누구누구 때문에? 지금 내가 너무 불편해!" 라는 말은 아무 것도 아닌 것이 아니라고

보아라, 저기 오염된 숲과 바다를 세심히 들여다보아라, 불편한 광경이 너무 많지 않느냐? 누가 여기저기에 불편한 일을 계속 만들고 있는가

박정옥

2011년 『애지』로 등단.
시집 『거대한 울음』.
pjo08@hanmail.net

나를 멈춰주세요

기지개를 켜면서 동천강을 따라 걷습니다 기지개 한쪽이 젖습니다 맑은 물에 오리가 단면을 가르며 돕니다 뾰루퉁한 입술이 나부낍니다 커다란 나무그늘 아래 깔린 체크 담요와 피크닉 바구니에 평화가 수북하고요 이 그림을 완성하는데 50년이 걸렸습니다

자전거 길이 인도와 부딪칩니다 몸이 기억하는 반응은 슬픔보다 빠르고 정확합니다 우측통행 규칙에 어깨뼈가 더 비밀스러워집니다 길들여진 좌측이 우측을 망설이고 초등학교가 국민학교를 교화시켰습니다 수 십 년 자동 출력되던 주소가 새 길의 주소를 족발처럼 뜯어 먹어버립니다 도무지 입출력 안되는 낯선 행성의 주소들 몸 깊숙이 압인된 기억의 설계도는 몇몇의 옛날인지 모르겠습니다 이 느낌은 새지 않고 강물로 흘러갑니다 물은 오래된 지침서로 옮겨 앉습니다

변산 바람꽃

되모시 행세를 하는 이 여인들, 공개 수배합니다.

바람꽃, 숲바람 만주바람 나도바람 너도바람 바이칼바람 홀아비바람 쌍둥이바람 꿩의바람 회리바람.

종로에서 봤다는 정보가 있네요. 이웃들 말이 밤중에만 들어와서 낯선 봉고와 트럭을 타고 함께 달아나던 걸 목격했다네요. 곰소에서는 소금 되를 잘 쳐준다 하고 또 누구는 격포에서 생선 배따는 걸 봤다고도 하고 어느 바닷가 기슭에서 해루질하다 허리 꺾였다는 흉흉한 소문이 돌더니 내소사에서 깍두기 팔짱 끼고 깔깔거리더라는 겁니다. 하 못해 경주를 거쳐 어물동 야트막한 산기슭에서 보았다는군요. 꼭 저들끼리 당을 지어 다니지만 바람처럼 신출귀몰 합니다. 워낙 바람의 손을 잘 타므로 참나무덩치들이 앙증맞게 끼고 삽니다. 북구 천마산 어디에서 한 덩치와 살림 차렸다던데 이 여인들 바람의 고아들입니다. 조심조심,

알제리 생각

태양이 정수리 한 가운데 있을 때 말랑하고 뜨거운 알제리를 떠올리며 젤리를 먹는다. 젤리젤리알제리 알이면서 말랑한 뼈들이 입안에 버석거리는 사막. 사막은 사하라. 사하라는 사라호 태풍 같잖아. 지붕을 날리고 담을 무너뜨리고 허술한 집을 패대기쳐서 피 흘리는 사람을 들쳐 업고 뛰어가던 사람을 사하라로 생각했던, 말랑말랑 젤리처럼 오래도록 기억에서 으깨지지 않고 젤리블리 하잖아.

사하라의 주인들은 바람을 불러들여 모래 속으로 가라앉았겠지. 물푸레나무 오리나무는 파르스름 물길 따라 해안까지 갔을 테고. 그리운 수생동물은 목을 늘여 바람에 귀 기울일 테지. 모래 밖으로 쫑긋 귀가 자라겠지. 낙타처럼 눈을 감고 세상 끝인 듯 걸어보고 싶기도 하겠지.

마다가스카르에 가면

포경수술을 하는 손자를 보러 5대 할아비들이 까만 대추나무가 걸어가듯 의료봉사 천막으로 들어신다 아비까지 여섯의 대추나무들이 파란 알대추처럼 입을 활짝 열고 있다 31살 할비가 손주 손을 잡고 의사를 향해 비손을 하고 가장 윗대 할비가 손주의 표피를 성스럽게 받들고 마을로 향한다 일주일 후에 소를 잡고 마을 잔치를 치를 것이다 몸에 허옇게 재를 바르고 부적을 붙여 열이 내리기를 빈다 할비들은 손자 아랫도리에 바오밥나무 열매가 주렁주렁 열리기를 기다린다 바오밥나무를 생각하는 어린왕자는 '레날라' 숲의 어머니를 향하여 간다고 믿는다 나도 그렇게 믿는다 이 땅은 잠시 쉬어가는 곳이라는 그 할비들 말을 믿는다

강현숙

2013년 시안신인상으로 등단
seabird1125@daum.net

돌의 감옥

돌들이 돌들을 낳고 돌이 돌 위로 투명하게 얼굴을 새깁니다 돌은 돌을 볼 수 없고 돌은 돌의 바닥까지 구르며, 얼굴이 바닥도 없이 사라지는 돌입니다 돌의 감옥, 움직일 수 없는 집을 감옥이라 불렀습니다 돌이 돌을 낳습니다 돌이 돌을 가둡니다 돌은 돌의 구조를 낳습니다 돌의 도형을 만들어 돌이 돌을 짓습니다 돌이 돌을 잃습니다 돌이 돌의 기억을 버립니다 돌 속에는 우주도 없습니다만 돌 속에는 돌도 없습니다 메마르고 무심한 날들이 흘렀습니다 환하고 찬란한 날들은 문밖 멀리 있었습니다 보이는 것들은 돌이 사라지는 돌들 뿐이었습니다 돌에게는 품을 사랑도 없고 웃음도 울음도 없습니다 마른 넝쿨을 새긴 돌입니다 돌과 돌 사이에 무엇이 보입니까 깊은 틈입니까 틈이라고 들여다보면 암흑이 아닙니다 돌과 돌 사이 내게 가까운 측량하기 힘든 먼 길이 있습니다 사라지기 아쉬운 먼 길입니다 먼 길 위로 달무리 떠오를까요

광활한

광활한 바위
광활한 강물
광활한 발자국
광활한 눈동자
광활한 순례
광활한 풀
광활한 뒷모습
광활한 주름
광활한 인사
광활한 아침
광활한 공간으로 지는 달
여기 광활한 그림자 지다
광활한 벌판 속으로 한 사내가 걸어가며 그림자 지다
광활한 오아시스 안으로 뜨는 뒷모습,
광활한 거실, 거기 누구 있나요
잡히지 않는 향기, 들리지 않는 침묵
광활한 침묵
광활한 추억

광활한 산맥이 드러나고
달빛 깔린 눈 덮인 벌판, 잣나무 한 그루 아래
사내의 그림자 광활하게 펼쳐진다

기울어진 지구에서

보이는 것은 천막과 나무와 지붕과 지나가는 버스일 뿐,
거리와 날아가지 않는 과일 뿐,
타인은 이제 곁에 없으리라는 것과
스페인에 언젠가 갈 것이라는 것과
저 몽고 벌판으로부터 씨앗이 날아왔다는 일과
타인은 타인으로 그곳에 잘 있으리라는 것과
타인이 궁금해지지 않으리라는 일은,
시베리아 벌판에 액자로 우두커니 갇혀 있는 나도 있을 거라는 일과
그것은 화석일 것이라는 것과
내 발들이 퇴적층으로 빨려 들어가는 중이라는 일과
얼굴 중에 죽음이 차지하는 비율과 싸우지 않으리라는 것과
공포와는 여전히 싸울 거라는 것과
사는 일이 너에게 빚 갚는 일은 아니었으면 한다는 일로부터

돌로 집을 짓지 않으며 돌은 제자리에 머물 것이며 돌은 굴

러가지 않으며 돌은 자신의 흔적을 몰래 지우려한다는 것이며 돌은 결국 속수무책으로 비를 맞는다는 것이며 돌은 결코 가볍다는 일이며 가벼워지는 일에 가까워지는 일이라며

때로 절규하며
때로 뭉개지기도 하는 일과
때로 혼돈일 것이며
때로는 평행하게
맑은 하루와 흐린 하루로
나누는, 단순한 하루이기도 하다

원소처럼,

얼굴은 나에게서 나를 빼고 나면 남지 않는 나머지,
기호로 오늘을 횡단하는 나의 얼굴은

얼굴 없는 바닥으로만 비치며

극한의 빙하기와 간빙기를 거듭하다 살아남은 원소처럼, 탄소처럼
유령처럼, 네가 되고 얼굴 없는 원소처럼,
타인으로 살아간다

웃음이 눈물 이전인 것처럼, 눈물은 또한 재가 되기 이전인 것처럼,
메마른 뼈처럼 오로지 너이고자 한다

쭈글해진 뱃살, 푸석거리는 머리, 쳐진 눈으로
각인되는 기호로 남아

거기는 애초부터 산 꽃이란 없었고,

밤마다 머리 위로 죽은 달은 뜨고 지고를 반복할 뿐,

바닥에 닿지 않는 발자국들로 들끓던 시대를
엑스레이에 투영된 뼈들의 시대를
투과하는 벽을 타고 흐르는 시대의 마른 얼굴들,
풀들이 무성하게 자라나고 지친 풀들의 벌판에서
눈 감은 자,
망막의 세월로 남은 자,

에덴동산, 무화과나무 아래에서

멀리 가는 아이들,
바람을 타고 날개도 없이
낙원도 없이
멀리 가는 아이들
애초 당신이 없어도
자라나는 아이들,

도시의 몬스터박스에는 인형들이 인형을 뽑지, 형체 없는 환영들, 손에 잡히질 않고 빠져나가는 환영들, 섬뜩한 음악이 깔리며 인형과 인형 사이로 사이로, 달아나는 괴물들, 에덴동산으로부터 쫓겨나는 신의 자식들,

마지막 에덴동산 희고 마른 풀들 사이로
뼈들의 원죄가 있다
병든 잠을 보내고 일그러진
그림자도 지우고
엉키던 풀들이 가지런히 눕는 아침,
흔들림 없는 눈동자로 돌아와 누울 것을,

늘 없지 않을 슬픔과
늘 지우려 했을 울음 자국과
늘 함께 했을
물여뀌, 물봉선, 자주달개비와 흔들렸을
지나가버릴 이번 생의 자막들이여,

희고 마른 뼈들이 엎드린 능선을 오르며
낙원에는 달과 달 사이로 적막이 떠오르며
낙원에는 질긴 목숨들의 울음들이
메마르게 메마르게
날린다며
낙원에는, 붉은 울음들의
자식들이 허공으로 흩어진다며
재촉하지 마라,
돌담 너머 무화과나무 그늘 아래에서
멀리 가는 아이들,

침울한 와해

그럴 듯한 시간을 사는 듯 했으나
그렇게 둥글게 손잡고 얼굴들을 내밀며
시간을 다 살아낼 줄 알았으나
어느 날 문득 와해라는 손님이
문을 두드릴 줄 몰랐지
—누구라도 눈치 못 챈 듯
세월은 늙어가고
언제나 집을 지키고 서 있을 것 같던
목책 울타리도 부서져가고
긴 시간을
저마다의 모습으로 오래 버틸 줄 알았지
닭이 알을 헤아릴 수 없이 낳는 시간 동안
무정란의 세월을 품었던지
모래처럼 퍼석거리며 날려가는 시간의
잿더미를 지나갈 줄 몰랐지
이제는 세우는 것마다 쓰러질 것이고
덮이는 것마다
폭풍에 날려 날아가 헤어질 것이다

호소력 짙은 소음처럼
거리를 뚫고 올라오는 새순들처럼
애견가게 폭 좁은 진열장 안을
등 곧추세워 꼼짝없이 갇혀
오고가기만 할 뿐인 얼룩고양이처럼
그렇게만
우리들은 이 울타리에 들어섰다
팔려나가는 것을.
저마다 목청을 높이며
희생을 부리기만 할 뿐인 이 거리를 향해
마치 구원인 것처럼 걸어다닌다

이름이 무슨 소용 있겠는가,
지나간 겨울 정문에
낯선 사철나무 한 그루 제 자리에 서 있었으나,

물소의 춤

동굴 벽에 물소를 그려 넣었지요 작살을 맞고 붉은 살점들이 사라지고 흰 뼈로 남아 벽에 주상으로 님을 때까지 추는 물소의 춤입니다 해 진 거리로 일렁거리는 춤의 동작, 머리에 돋은 두 뿔이 동굴 벽을 선명하게 받들었습니다 살아온 것이 없으며 살아갈 것이 없을 그 순간에서 멈춥니다 가슴에 박힌 못처럼 육신을 붙들어 매고 물소의 춤을 춥니다 스며들고 번지고 색을 입히는 몸의 동작들이 흐릅니다 중력으로 붙들린 이 자세가 유일한 생존의 동작인가요 사랑이란, 순정이란 허울이 넘실거리는 벽에 비치는 그림자들의 춤 앞에서 멈춥니다 죽을 만한 고통이란 있는 것이겠지요 몸이 잊어버린 고통이란 고통이 아니었던 것이지요 지상에서의 하룻밤 이었습니다 하필 왜 물소냐고 물었습니다 구체적인 날들이 흘러가야 했으니까요 가끔은 땅을 짚지 않은 채로 추는 춤을 꽃습니다 별도 뜨질 않고 강물이 흐르질 않는 그곳에서 어둠의 격렬한 파동을 몸이 기억합니다 그리워하는 것들을 부릅니다 이 바깥을 희미하게 감싸며 일렁거리며 흘러가는 연둣빛 물결을 그리워합니다 거기 눈이 하얗게 덮인 땅이 있었다지요 그림자로 박힌 물소들이 살았다지요 물소들의 환상이 있었다지요

김
려
원

2017년 진주가을문예 당선
climbkbs@hanmail.net

애월의 얼룩

배에서 내리자 입술 붉은 소녀의
손톱은 얼룩무늬였다.

이마까지 흘러내린 머리가 젖어 있다가
바람에 흩날렸다.

서로 말은 안 했지만
나는 얼룩무늬 손톱을 처음 보았고
소녀는 자주 손톱을 칠해온 것 같았다.

배에선 못 보았던 손톱에서
얼룩이 붙은 낱말들이 흘러내릴 것 같아
나는 자꾸만 얼룩말 얼룩말 되뇌었다.

애월바다가
소녀의 눈빛을 닮아서

애월바다 소금기가

내 손톱에 자꾸 들러붙었다.

소녀가 제 눈빛을 찾아
뛰어내릴 것 같아

나는 조그만 얼룩무늬를 내 손 안에
꽉 그러쥐고 있었다.

바다를 보는 내 마음이 얼룩을 닮아
애월을 오래도록 철썩인 순간이 있었다.
얼룩에 얼룩을 덧씌우며 있었다.

슬픔들

나는 그냥 나무 아래 서 있는데 벚꽃이 피어요 벚꽃은 슬픔들인데 벚꽃이 피어요 꽃은 네 머리에 꽂혀있어요 꽂힌 꽃은 꽃이 아닌데 머리에서 피어요 전에 네가 걸었던 길이 잇따라 피어요 내 앞에서 미친 듯이 처음인 듯.

나는 그냥 지나가고 있었는데 꽃이 피었어요 비 온 뒤에 피었어요 울렁울렁 피었어요 네가 심하게 피어서 누워있었을 뿐이에요 찬비가 두근두근 심해서 엎드려있었을 뿐이에요 나를 사랑하지 말아요 나는 아파요 네가 건네준 볼이 이렇게 가까이서 달아올라요 우리는 꿈에서라도 키스한 적 있나요.

나는 다만 길을 잃었을 뿐이에요 회색을 건너고 있는데 벚꽃들이, 저 분홍이 이 분홍이 처음인 듯, 전에도 처음인 듯, 나를 벚꽃들 아래로 데려갔어요 우리는 처음으로 키스한 적 있나요.

네 무성한 머리카락 사이에서 빗꽃이 오늘 교회종소리처럼 피어요 엄마목소리처럼 피어요 어제의 빗소리처럼, 너를 상상한 입술처럼, 피어요.

나는 그냥 나무 아래 서 있었을 뿐이에요 지나갔을 뿐이에요 그래서 그냥 피었어요 미친 듯 벚꽃들.

처음처럼 대작(對酌)

입술 한 번 댄 적 없는 처음처럼
소주잔이 네 턱 아래 놓여 있다.
너도 끝이고 나도 끝이다 싶어
내 입술에만 댄 소주잔
처음처럼 소주잔은 소주병이 처음처럼 비어갈수록
빛난다, 내가 사준 브로치의 가슴같이

브로치 대롱거리는 네 왼쪽에 기댄 적 있다.
그 밤 내 왼쪽 쿵쾅거림도 들었다.
사실이었을까, 술잔을 꽝 내려놓을 때

우리가 돌아다닌 수월리 함박리 구라리
소주리 연탄리 파전리 주정리 외치리 설마리 망치리의
밤과 밤의 노래에 대하여
사실이었을까, 술잔을 다시 꽝 내려놓으며

너와 내가 오늘밤이 끝이어도 끝이 아닌 것처럼
소주잔을 채워들고

"여기, 파전"을 외친다, 입술에서 테이블이 망가지도록

처음처럼 소주잔에 까마귀가 날고 있다.

귤이 파란을 버릴 때

지금은 귤이 파란을 버릴 때
속마음과 겉이 같아지는 때
어느 이름난 마을과 이웃들이 모반을 꿈꾸다
숨긴 생각 모조리 들켜버리는 때
울타리를 버리고 가시를 버리고
집 바깥을 버리고
밭으로 들어간 품종들

오래전 야반도주한 우리 집 탱자울타리가
밭 하나를 온통 차지하고는
비좁다, 비좁다, 제 구역 늘리며 노래져 간다.

귤은 손을 많이 타는 과일
가시울타리를 밀치고 가출한 오빠 같고
활짝 펴진, 찡그렸던 꼭지들은
양손 가득 선물꾸러미를 들고 돌아올 오빠 같지만
어느 밭에선가 파란을 버리고 있거나
어느 가판대에서 가지런해지고 있을 것이다.

하나로도 둘로도 낱개로는 팔지 않는 귤은
일종의 화폐단위인 셈이고 봉지들의 속셈

가시를 매단 탱자 울타리들은
이 마을에서 저 마을로 옮겨 다니며
추위 근방을 지키고 있다.

비를 발음하는 괘

모든 달(月)에는 껍질이 있다
껍질 위에 껍질을 내리치면 텅 빈 소리가 난다
텅 빈 소리를 쫓아온 비도 흩뿌리는 관이 있을 것이고
그 관 안에 줄기가 들어 있을 것이다.

오늘의 오관 떼기에서는
우산을 쓴 손님이 찾아왔다
비는 가장 먼 곳을 달려온 음악,
오동잎을 노래하는 젓가락 장단에
양철봉황새는 들썩이며 춤춘다.

비의 속도라는 말은 타들어가는 저수지와
미처 걷지 못한 빨래가 젖는 시간
그녀의 스커트가 펄럭거렸다, 라는 모란꽃 같은 말

화투장들은 왜 달력이 되지 못할까
날짜가 없는 달이라니,
내가 선호하는 방식이라서

날짜 없는 매일을 달밤 없이 접친다
내일은 상냥한 국화주를 따를 것이고
님은 글피쯤 벚꽃무늬 봇짐을 싸들고
송학같이 속삭여 올 것이므로

내달의 껍질을 다시 내리치면 한달음에 비
우산 쓴 님이 붓꽃으로 들어서고 있다.

수면표절

꿈은 생시의 표절,
해몽은 고도의 은유법으로 역설적이다.
다른 베개와 뒤척임을 처방받아도
같은 운율과 철자법을 따르는
잠은 표절의 연속.
스무 살은 언제나 낮잠에 등장하고
간간이 끼어드는 무호흡은
자정쯤의 잠에 등장한다.

무감각 줄거리를 뛰거나 뛰어내린다.
꿈에서 스물네 번의 자살을 했고
언제나 생시를 얻었다.

꿈에 만난 봄을 찾아가면 생시의 가을이
잠든 가슴 근처에 쿵쿵 모과를 떨군다.
계절을 공모한 누군가 모과 입구를 두드린다.
모과벌레가 집을 떠나는 순간이 왔다.

방금 지구의 한 귀퉁이를 비질했다.
그린란드 해빙을 향하는 벌레를 잦아냈다.
북극여우가 얼음장 아래로 얼굴을 들이민다.
고양이가 화단에서
나비애벌레를 갖고 논다.

잠의 방문은 기척도 노크도 없이 열리고 닫힌다.
내일 만날 것들과 어제 만난 것들이 분별없이 드나든다.
저항할 수 없는 것들은 원래 힘이 세고
복사되는 낮과 밤을
이유 붙여 시비할 수가 없다.

견딤의 자세

나는 지금도 45도 각도로 운다.
가끔의 꿈들도 한쪽 발로 견디면서 꾼다.
가장 멀리 나를 보내려다 비틀린 배웅
맨발로 내달린 장면에서 파릇한 봄밤을 데고 말았다.
가능한 자세란 불가능한 어린이를 불러내는 일
기억으로 태어나 늙지도 않은 아이가
벚나무 아래에 부러져 드러눕고
나는 아이의 늙은이로 서 있다.
명자나무는 저린 다리 하나로
스쳐가는 숱한 발가락을 상상한다.
더운 바람 쪽으로 신발을 신었다 벗었다 한다.
예절을 배운 적 없는 가면의 붉은 낯들이
꽃자리를 어지럽힌다고
봄만 되면 벚꽃을 비웃고 명자꽃을 일러바친다.

쌓인 표정을 차마 밟지 못해서 한쪽 발이 뒷걸음질로 넘어지고 넘어진 각도로 나는 또 운다.

없는 꼬리뼈를 부추겨
가장 멀리 나를 다시 보내려는데
꿈 밖에 누군가 대각선으로 서 있다.
혼자 걷던 어느 밤의 내 그림자와 많이 닮았다.
45도의 각도로
넘치지도 고이지도 않는 각도로 서 있다.

변방 연혁

- 1981년 12월 변방시동인 결성
- 1982년 4월 10일 변방 1집 발간
- 1983년 6월 20일 변방 2집 발간
- 1985년 5월 11일 박종해 시집 『산정에서』 발간(이하 첫 시집만 기록)
- 1986년 8월 25일 변방 3집 발간
- 1987년 6월 1일 변방 4집 발간
- 1987년 9월 1일 강세화 시집 『손톱 혹은 속눈썹 하나』 발간
- 1989년 8월 1일 변방 5집 발간
- 1990년 6월 1일 변방 6집 발간
- 1991년 3월 15일 문영 시집 『그리운 화도』 발간
- 1991년 5월 25일 변방 7집 발간
- 1991년 6월 25일 최일성 시집 『새벽을 뚫고 나온 화살』 발간
- 1992년 10월 20일 변방 8집 발간
- 1992년 10월 26일 이충호 시집 『마라도를 지나며』 발간
- 1993년 12월 10일 변방 9집 발간
- 1994년 7월 30일 변방 10집 발간
- 1994년 11월 5일 홍수진 시집 『오늘 밤 내 노래는 잠들지 못한다』 발간
- 1996년 9월 25일 변방 11집 『한때 내가 잡은 고래』 발간
- 1996년 12월 5일 변방 12집 『대숲은 걸어보면 안다』 발간
- 1997년 10월 14일 홍수진 시인 타계
- 1997년 11월 31일 변방 13집 『세기말을 건너는 노래』 발간
- 1998년 10월 10일 박종해 시인 제1회 울산광역시문화상 수상
- 1998년 12월 10일 변방 14집 『잘가라, 나뭇잎』 발간
- 1999년 8월 김종경 시집 『동백섬은 사람을 그리워하지 않는다』 발간
- 1999년 11월 30일 변방 15집 『겨울 동백꽃』 발간
- 2000년 10월 김종경 시인 제3회 울산광역시문화상 수상
- 2000년 11월 30일 변방 16집 『꽃잎 편지』 발간
- 2001년 12월 변방 17집 『나는 아직도 만년필로 편지를 쓴다』 발간

- 2002년 12월 변방 18집 특집 『얼음 속 타는 불꽃』 발간
- 2003년 12월 변방 19집 『풀잎의 눈』 발간
- 2004년 12월 변방 20집 『실업은 힘이 세다』 발간
- 2005년 12월 변방 21집 『귀뚜라미 편에 이메일을 띄운다』 발간
- 2005년 숲속 시인학교 운영
- 2006년 12월 변방 22집 『목련을 읽다』 발간
- 2006년 숲속 시인학교 운영
- 2006년 4월 신춘희 시집 『풀잎의 노래』 발간
- 2007년 12월 변방 23집 『길에서 말붙이기』 발간
- 2007년 숲속 시인학교 운영
- 2008년 12월 변방 24집 『왜 고양이 울음에는 눈물이 없는가』 발간
- 2008년 숲속 시인학교 운영
- 2009년 12월 변방 25집 『구름의 등고선』 발간
- 2009년 숲속 시인학교 운영
- 2010년 12월 변방 26집 『머언 소식처럼 낙엽 하나가』 발간
- 2011년 11월 임윤 시집 『레닌 공원이 어둠을 껴입으면』 발간
- 2012년 12월 변방 27집 『말의 질주는 푸르다』 발간
- 2013년 12월 변방 28집 『얼룩으로 만든 집』 발간
- 2014년 12월 변방 29집 『목숨의 단층』 발간
- 2014년 박종해 시인 제29회 이상화 시인상 수상
- 2014년 장상관 시집 『결』 발간
- 2015년 10월 박정옥 시집 『거대한 울음』 발간
- 2015년 10월 최일성 시인 타계
- 2015년 12월 변방 30집 『나무의 몸』 발간
- 2016년 12월 변방 31집 『익숙한 햇볕』 발간
- 2017년 9월 변방 32집 『빈 그물로 오는 강』 발간
- 2018년 11월 변방 33집 『버려진 음률』 발간
- 2019년 현재 정회원 11명
  (박종해, 강세화, 신춘희, 문 영, 임 윤, 장상관,
  황지형, 박정옥, 강현숙, 김려원, 이강하)
- 역대 울산시문화상 수상 —
  박종해, 김종경, 신춘희, 최일성(작고)
- 역대 울산문협회장 역임 —
  박종해, 김종경, 신춘희, 이충호, 최일성(작고), 홍수진(작고)